宛转蛾眉
——杨玉环

◎ 主编 金开诚

◎ 编著 王德英

吉林出版集团有限责任公司

吉林文史出版社

图书在版编目（CIP）数据

宛转蛾眉——杨玉环／王德英编著．—长春：吉
林出版集团有限责任公司，2011.4（2022.1重印）
ISBN 978-7-5463-5011-0

Ⅰ.①宛… Ⅱ.①王… Ⅲ.①杨贵妃（719～756）–
生平事迹 Ⅳ.①K828.5

中国版本图书馆CIP数据核字（2011）第053465号

宛转蛾眉——杨玉环

WANZHUAN EMEI YANGYUHUAN

主编／ 金开诚 编著／王德英

项目负责／崔博华 责任编辑／崔博华 邱 荷

责任校对／邱 荷 装帧设计／柳甫泽 张红霞

出版发行／吉林文史出版社 吉林出版集团有限责任公司

地址／长春市人民大街4646号 邮编／130021

电话／0431-86037503 传真／0431-86037589

印刷／三河市金兆印刷装订有限公司

版次／2011年4月第1版 2022年1月第5次印刷

开本／650mm×960mm 1/16

印张／9 字数／30千

书号／ISBN 978-7-5463-5011-0

定价／34.80元

前　言

　　文化是一种社会现象，是人类物质文明和精神文明有机融合的产物；同时又是一种历史现象，是社会的历史沉积。当今世界，随着经济全球化进程的加快，人们也越来越重视本民族的文化。我们只有加强对本民族文化的继承和创新，才能更好地弘扬民族精神，增强民族凝聚力。历史经验告诉我们，任何一个民族要想屹立于世界民族之林，必须具有自尊、自信、自强的民族意识。文化是维系一个民族生存和发展的强大动力。一个民族的存在依赖文化，文化的解体就是一个民族的消亡。

　　随着我国综合国力的日益强大，广大民众对重塑民族自尊心和自豪感的愿望日益迫切。作为民族大家庭中的一员，将源远流长、博大精深的中国文化继承并传播给广大群众，特别是青年一代，是我们出版人义不容辞的责任。

　　本套丛书是由吉林文史出版社和吉林出版集团有限责任公司组织国内知名专家学者编写的一套旨在传播中华五千年优秀传统文化，提高全民文化修养的大型知识读本。该书在深入挖掘和整理中华优秀传统文化成果的同时，结合社会发展，注入了时代精神。书中优美生动的文字、简明通俗的语言、图文并茂的形式，把中国文化中的物态文化、制度文化、行为文化、精神文化等知识要点全面展示给读者。点点滴滴的文化知识仿佛颗颗繁星，组成了灿烂辉煌的中国文化的天穹。

　　希望本书能为弘扬中华五千年优秀传统文化、增强各民族团结、构建社会主义和谐社会尽一份绵薄之力，也坚信我们的中华民族一定能够早日实现伟大复兴！

目录

一、丽质天成 皇子倾心

大唐开元七年（719 年），一个水灵灵的女孩降生到蜀州司马参军杨玄琰家中，她就是后来历史上大名鼎鼎的贵妃杨玉环。杨玄琰看着这个女娃，粉脂玉面，特别可爱，心中不禁增添了几分怜爱之情，玉环在父母爱的滋润下一天天长大。

从小，她就特别爱动，喜欢屋里屋外地乱跑。父亲见她如此活泼，便请人教她学习舞蹈和音乐。她也很感兴趣，学习非常认真。一段时间以后，已经可以独立地跳上一曲了。

玉环小的时候就特别喜欢吃荔枝。杨家的前院有一颗非常茂盛的荔枝树。每年，不等荔枝成熟，玉环便站在树下嚷着要吃。于是，父亲就从树上摘下几颗青涩的荔枝送到玉环胖胖的小手中。她迫不及待地咬下去，然后"啊"地吐出来，父亲在一旁慈爱地笑着。于是，玉环撅起小嘴，生气地说："爹爹，你骗人。""是你嚷着要吃的嘛！"父亲和蔼地答着。童年的生活总是快乐并且让人留恋的。

可惜的是，杨玄琰的身体一直不太

好。到了玉环 10 岁这年，杨玄琰的病更加严重了，甚至到了不能办公的地步。

这天中午，玉环正在荔枝树下玩耍。她时而抬头看看荔枝树，时而看看地下的小虫。阳光透过树叶洒在她的脸上，照出一脸的美丽和活泼。这时，她惊喜地发现似乎有一颗荔枝熟了。于是，她一蹦一跳地跑到父亲的书房，嚷着要父亲给她摘荔枝吃。可是，一向勤奋的父亲，今天竟然没在书房办公。小玉环便来到了父亲的卧室。此刻，父亲正躺在床上，安详地睡着。玉环摇着父亲的胳膊，撒娇地喊："爹爹，快起床，爹爹，该起床了。"可是，任凭她怎样呼喊，父亲仍是安静地睡着，似乎没受到任何的打扰。小玉

环急了，哭着去找母亲。母亲一看躺在床上的丈夫一动也不动，一遍遍地喊着他的名字，让他醒过来，可他最终也没有醒来。这个柔弱的女人此时表现得异常坚强，她知道，玉环还小，还无法理解和承受什么是失去父亲。所以，她强压着心中的悲痛，平静地对玉环说："玉环，你父亲睡着了，去了另外一个地方，最近都不能回来了。玉环要乖，父亲虽然不在身边，可是玉环做什么父亲都知道，也会支持你的。"玉环在似懂非懂中陪母亲办理了父亲的丧事。

杨玄琰走了，这个家庭也失去了顶梁柱，孤儿寡母的生活很是艰难。还好，不久以后，杨玄琰的弟弟杨玄珪来到了这里，将嫂嫂和哥哥的遗孤接到洛阳和他们一起生活。

转眼间，玉环母女已经在洛阳住了快半年了，玉环也渐渐适应了这里的生活，和叔叔一家人也都相处得很好。叔叔快过生日了，玉环想："送给叔叔什么生日礼物好呢？"玉环的母亲其实已经想好了，她准备让玉环在杨玄珪的家庭生日宴上跳一段舞蹈，既可以让他开心，也能顺便让他看到玉环舞蹈方面的才华，从而为她争取到继续学习舞蹈的机会。母亲亲自动手为玉环缝制跳舞时要穿的裙子。很快，杨玄珪的生日到了。玉环穿着美丽的裙子走到叔叔面前，既兴奋，又紧张。随着音乐响起，玉环翩翩起舞，完全忘记了之前的紧张，她的舞姿活泼、美丽、轻盈，感染了在场的每个人。母亲在一边看着，也满意地笑了。一曲舞罢，杨玄珪拍手称赞："早听说玉环舞跳得好，今天看了，果然很有跳舞的天资啊。""小叔过奖了，玉环小时候在蜀州曾有专人教授她舞蹈，否则也不能跳得这样好。"母亲适时地补充道。"哦，原来是这样，这孩子这方面还真是挺有天分的，明天给她请个老师继续学习吧。不过，也就

是当兴趣玩玩，可不能太认真啊！"杨玄珪的话说到母亲心坎里去了。玉环喜欢跳舞，可是在当时，专门跳舞的人是歌舞伎，官宦家的女儿们是不能染指的。所以玉环开心可以玩玩，但确实不能太认真的。但玉环还小，她不懂得这许多。她只知道叔叔要请老师教她跳舞啦，所以非常开心。

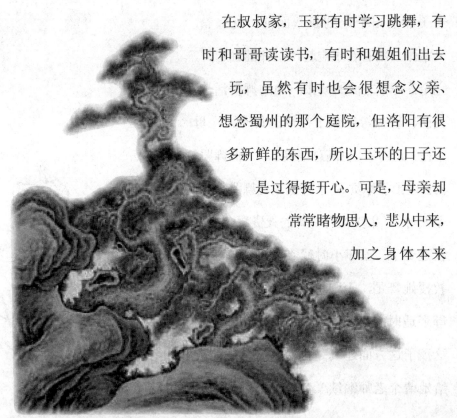

在叔叔家，玉环有时学习跳舞，有时和哥哥读读书，有时和姐姐们出去玩，虽然有时也会很想念父亲、想念蜀州的那个庭院，但洛阳有很多新鲜的东西，所以玉环的日子还是过得挺开心。可是，母亲却常常睹物思人，悲从中来，加之身体本来

也很柔弱，于是渐渐地憔悴起来，不久也离开了玉环。

叔叔和婶婶看到玉环小小年纪相继失去了父母，很是同情，因此也就倍加怜爱。所以，玉环虽然失去了父母，但得到的父爱、母爱并不曾减损。后来，她便直接称呼婶婶为母亲、叔叔为父亲了。

时间悄然划过，玉环转眼间已经是个亭亭玉立的大姑娘了。她能歌善舞、笑靥如花，加上又活泼好动，芳名渐渐在洛阳城里传播开来。叔叔和婶婶看着

这个貌美的"女儿"，心里开始筹划着为她找个好夫家，毕竟玉环已经到了成婚的年龄了。玉环也常常做着自己的梦，猜想着自己的真命天子是什么样子的。但是她从来没想过自己会嫁入皇家，叔父只是个七品小官，是从没奢望过能攀上高枝的。

大唐开元二十二年（734年），人们还沉浸在新年的喜悦当中，因长安城粮食歉收，物价吃紧，唐玄宗带着文武、宫妃、皇子、公主来到洛阳，以缓解长

安粮食紧张的压力。皇帝一行给洛阳城
增添了喜悦的气氛，人们欢呼雀跃地迎
接大唐的天子。

随着皇帝的到来，很多人都聚集到
了洛阳。文武百官互相走动，杨家也开
始热闹起来，其中最为显贵的便是时任
监察御史的杨慎名。杨慎名与杨玄
珪同属杨姓，并且都自称是东
汉太尉杨震之后，因此杨玄珪
在京做官时两人关系就
比较好，走得也比较
近。

杨玄珪的曾祖父杨汪曾做过隋朝尚书，而杨慎名的祖先曾做过隋朝的皇帝，这也是他能在唐代得以被任用的原因之一。隋朝末代皇帝杨广在江都被杀，其子杨暕也被杀，杨暕的夫人后来生下了一个遗腹子叫杨政道，而杨慎名正是杨政道的孙子，所以也算是出身名门了。唐太宗李世民为人心胸宽广，一直善待杨家后人。因此，杨家的后人在唐朝几乎代代为官。杨慎名这次随皇帝出行，家眷也都跟随而来。

　　两家的走动越来越多，孩子们便也彼此熟悉起来。玉环经常到杨慎名家做客，很得杨慎名妻子的喜欢，经常邀请她参加内室宴会。杨玉环在宴会上一出现，总会惊艳四座。大家纷纷打听这个美人儿是谁家的闺女，她的美色一夜之间传播开来。

　　大唐开元二十三年（735 年），皇帝最宠爱的女儿咸宜公主出嫁，在洛阳举行了非常隆重的婚礼。咸宜公主是皇帝宠妃武惠妃的女儿，武惠妃是武则天侄子的女儿。在当时，武惠妃一人得宠，行

皇后之职，她的女儿出嫁，自然也就不比寻常公主了。一次，长宁公主来杨慎名家做客，正好遇到了同来做客的杨玉环，看到这个女娃青春可人、貌美如花，非常喜欢，于是邀请她做咸宜公主的伴娘。

咸宜公主的伴娘一共有八人，除了杨玉环外，其他七人都是皇亲国戚。因此，玉环既感到荣幸之至，又感到紧张莫名。她很懊恼自己平时为什么不多学习些礼仪呢，怎么把时间都花在了跳舞和玩耍上呢? 为公主做伴娘，玉环此时幸福极了，又焦躁极了。

公主大婚，果然来了好多人。场面宏大，人声鼎沸。玉环站在公主身边，用眼睛偷偷打量着到场的人，心里不由得感慨道："皇室子女结婚就是不比我们平常百姓啊！"因此也不免生出几分羡慕之情。玉环只顾着打量周围人，却没发现下面有个人正在打量着她，这就是咸宜公主的哥哥——寿王李瑁。

玉环毕竟是个美人坯子，站在其他七人当中已是光彩非常了，加之今天又施以粉黛，更增添了几分美丽。因此，

站在公主身边的她吸引了在场很多人的目光。许多人只顾打量着这个丰腴、俏丽的美人，却忘了今天的主角是咸宜公主，李瑁便是这其中的一个。咸宜公主也不生气，反而以有这么一位貌美的伴娘而自豪。

婚礼进行得很顺利，玉环也表现得很好。回到家后，玉环深深地舒了一口气。虽然不是很紧张，但这毕竟是玉环

经历过的最大的场面了。她独自坐在床头，还激动地回忆着婚礼上的细节，这时，一双热辣辣的眼睛出现在她的回忆中。她记得有一个身穿白衣的公子在婚礼上一直看着她，但她又不好意思去回看他，因此，她不知道他是哪家的公子。但是，玉环的心已经微波荡漾了。

过了几天，杨玄珪府门前来了一辆豪华气派的宫车，原来是咸宜公主来接玉环去她家玩。在婚礼上玉环给咸宜公主留下了很好的印象，两人年纪也相仿，所以很谈得来。当得知玉环喜欢跳舞后，咸宜公主甚至调皮地要玉环教她跳舞。咸宜公主没有跳舞的底子，因此学起来很吃力，但是玉环常常鼓励她，并以身示范。所以，在学习跳舞的日子里，公主和玉环的感情也随着接触而愈加深厚起来。

这天，玉环正在咸宜公主府上与她相谈甚欢，仆人回报说寿王来了。玉环

赶紧要回避，咸宜公主说："寿王是我的亲哥哥，为人也和蔼，你不用回避。"玉环只有站在咸宜公主身旁，心里很是忐忑不安。这时，一个身穿白衣的翩翩公子走了进来。玉环看着他，觉得非常眼熟，"这不是在公主婚礼上看到的那位公子吗，原来是个皇子，难怪气度那么非凡。"玉环心里想着，却假装不认识。因为，她不知道寿王是否还记得她。显然，寿王也注意到了眼前这位美女。于是，经过咸宜公主的引荐，两人算是正式认识了。但是玉环不知道，寿王在婚礼那天就喜欢上了她，今天就是听说她在妹妹府上而特意赶来的。

刚开始，气氛有些紧张，玉环也表现得很拘谨。这时，咸宜公主提议要给哥哥表演自己新学习的舞蹈，可是有些动作还并不是特别熟练，于是她拉着玉环一起跳了起来。坐在一旁的寿王没想到美丽莹润的玉环舞竟跳得如此优美，这在贵族子弟当中实在是很少见的。时间过得是那样快，玉环的舞蹈结束了，而寿王和玉环都意犹未尽。中途退下场来的咸宜公主将一切都看在眼里，心里

猜想到哥哥这回是动了心了，应该为哥哥多创造些机会才是。于是，她有意让玉环和哥哥坐得近一些，也找些共同的话题来谈，甚至谈到了哥哥小时候的一些顽皮事情，惹得玉环也哈哈大笑。玉环发现，寿王不像其他皇子那样清高孤傲、难以接近，而是非常随和、还很幽默呢！这次相见，两人都很愉快。回到家后，玉环一直回想着这次意外的邂逅，心里想念着什么时候才能再见到寿王。

接下来的日子非常难挨，玉环常常盼望着能够再见到寿王，说不定可能会在大街上碰到呢！还没等玉环在街上碰

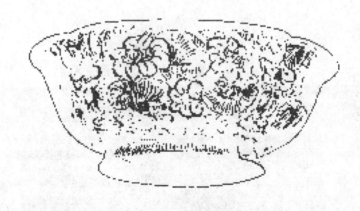

到寿王，咸宜公主就又请她过去玩了，恰巧寿王也在。当然，这是咸宜公主在两人都不知情的情况下安排的，好制造偶然见面的机会。

寿王见到玉环是又惊又喜。三个人坐了下来，谈洛阳、谈长安。玉环以为洛阳已经很美很繁华了，可是寿王口中的长安城繁华热闹更胜洛阳许多，看着寿王津津有味地谈论着长安城，玉环不禁对生活在那里的人又增添了几分羡慕之情，她也是很喜欢热闹的呀。

一会儿，咸宜公主有事情要临时走开，因此嘱咐哥哥说："哥哥，替我带着玉环四处走走，玉环来了许多次，还没去过后花园呢。"于是寿王带着玉环来

到了驸马府的后花园。驸马杨洄是长宁公主的儿子，又娶了皇帝最宠爱的女儿，因而驸马府的设置还是很豪华的。后花园很大，里面有很多的奇花异草。两人信步走着，微风吹来，吹起了杨玉环鬓前的青丝。寿王温柔地看着她，心想"身边的花儿再美也没有眼前这个美人美啊。"于是，情不自禁将她搂入怀中。玉环的脸上泛起一抹红晕，心底的幸福一圈圈地漾了起来。自此之后，两个人经常在咸宜公主这里见面，有时三人也相约一起出去游玩。

待时机成熟，咸宜公主便向双方提出了谈婚论嫁的问题。能嫁给寿王，杨玉环当然开心地同意了；寿王也开心地答应了。咸宜公主很开心，自己的哥哥终于找到了心上人，还是这么个大美人。当杨玄珪接到寿王的聘礼时简直不敢相信这是真的，他没想到自己的女儿竟飞上枝头，嫁给了一个皇子。当然，他保持了应有的清醒，大方有礼地接受了对方的聘礼并商量了成婚的日期。这时，杨玄璬意识到，他们杨家的命运可能会因此改变，他也可能因此实现多年的夙愿——回长安做京官。但是，此时的他远没有想到在不远的将来，他们杨家竟因为这个女子而走上权力的顶峰。

寿王和杨玉环的婚礼比咸宜公主的还要盛大、壮观，全洛阳人共同庆祝。杨玉环幸福极了，她嫁给了一个皇族，还是一个爱自己胜过一切的风流倜傥的皇子。

二、成凤枝头
万千宠爱

婚后的生活比杨玉环预想的还要甜蜜，生活上虽然少了些自由，但是寿王对他非常体贴。两人经常偷空溜出去玩儿，就是留在府里，寿王也陪着玉环学习舞蹈、吃饭、赏花。他们还经常到皇宫内看望武惠妃，武惠妃从杨玉环身上看到了自己年轻时的影子，所以对她更加喜爱。初为人妻的杨玉环就已经知道利用寿王对自己的宠爱做些有利于自己家族的事情了。她先是和寿王讲述了自己

失去双亲的童年，又告诉他自己在叔父家得到了怎样的优待。寿王听了很受感动，找驸马都尉杨洄帮"岳父"谋了个差事——国子监太学博士。在国子监当职虽然是个闲差，但其中的人多是饱学之士，在朝中很受尊重。杨玄珪从一个正七品下阶的地方官一下变成了正六品上阶的京官，开心不已。后来，寿王得知杨玄珪的儿子，也就是杨玉环的堂兄还没有娶妻，问妻子道："哥哥为什么不肯娶妻呢？是有什么特殊的喜好吗？"杨玉环无奈地回答道："我这个哥哥每天只知道看书，哪有时间考虑娶妻的事情啊！"寿王从此便开始偷偷给玉环堂兄物色合适的女子。事有凑巧，一次他进宫向母妃请安，正好碰到了岐王的女儿承荣郡主。寿王一看

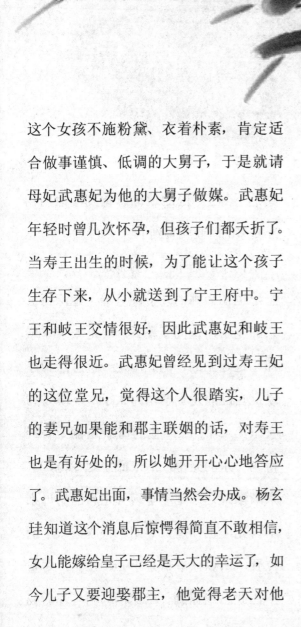

这个女孩不施粉黛、衣着朴素，肯定适合做事谨慎、低调的大舅子，于是就请母妃武惠妃为他的大舅子做媒。武惠妃年轻时曾几次怀孕，但孩子们都夭折了。当寿王出生的时候，为了能让这个孩子生存下来，从小就送到了宁王府中。宁王和岐王交情很好，因此武惠妃和岐王也走得很近。武惠妃曾经见到过寿王妃的这位堂兄，觉得这个人很踏实，儿子的妻兄如果能和郡主联姻的话，对寿王也是有好处的，所以她开开心心地答应了。武惠妃出面，事情当然会办成。杨玄珪知道这个消息后惊愕得简直不敢相信，女儿能嫁给皇子已经是天大的幸运了，如今儿子又要迎娶郡主，他觉得老天对他

真是不薄了。隐隐地他感觉到，他们杨家复兴的时候就要到了。

杨家的婚事热热闹闹地进行着，武惠妃也在为她的儿子谋划着。她深得玄宗的宠幸，位同于皇后，可是太子李瑛却不是她生的。因此，她一直想除掉李瑛立自己的儿子李瑁为太子。李瑛是唐玄宗第二个儿子，他的母亲赵丽妃曾经得到玄宗的宠幸，后来武惠妃专宠，玄宗渐渐疏远了她。李瑛知道自己的母亲不得宠，也知道武惠妃一直觊觎太子的位置，所以行事特别小心、谨慎，尽量不让武惠妃抓到什么把柄。驸马都尉杨洄知道岳母武惠妃急于废掉李瑛，也暗中帮忙搜集证据。在玄宗宠幸武惠妃以前，曾经先后宠幸过赵丽妃、皇甫德仪和刘才人，她们分别生下了太子李瑛、鄂王李瑶和光王李琚。后来因为武惠妃得到玄宗的专宠，这三个妃子便相继失宠。李瑛、李瑶与李琚三兄弟也因此与自己的父亲疏远了很多，他们常常为自己的母亲不得宠而郁郁寡欢，总在背后说武惠妃的坏话。太子李瑛也知道自己处境危险，常常劝诫他们注意言行，不要

给武惠妃留下可以栽赃的口实。可武惠妃却步步紧逼，太子的待遇还不如后宫普通皇子的待遇，鄂王李瑶和光王李琚为太子鸣不平，虽然不敢在人前说，但周围没有其他人时，三人常聚在一起发泄心中的不满。这天，三兄弟又聚在一起喝酒，李瑶和李琚忍不住又说起了武惠妃的坏话，酒过三巡，李瑛也渐渐把持不住，参与到诋毁武惠妃的阵营当中。驸马督尉杨洄安插在太子身边的眼线立即将他们说的话告诉了杨洄，杨洄又转告给武惠妃，武惠妃添油加醋地转告给唐玄宗："皇上，太子聚众诅咒臣妾，还

说您是老糊涂了的昏君啊！您在的时候太子都敢如此明目张胆地诅咒臣妾，哪天您要是不在了，臣妾可怎么活啊，皇上一定要为臣妾做主啊……"唐玄宗听了非常生气："这太子李瑛将来是一国之主，非但不思进取，反倒干这些勾当，真是太让朕失望了！朕要废了他！"玄宗找来亲近大臣商量废太子的事情。宰相张九龄极力反对："皇上，废立太子是大事情，不可以草率啊。太子李瑛为人一向忠厚老实，并没有犯下什么大错，如果贸然废了他，天下人都会伤心的，请皇上三思。"同来的几位大臣也力保太子，玄宗

只好放弃了这个想法。

后来，李林甫设计陷害宰相张九龄，玄宗罢了张九龄的官，李林甫取而代之，势力愈加强大起来。李林甫知道武惠妃受宠，积极向她靠拢，在玄宗面前常常夸赞寿王如何有能力，为人如何达观等等。天长日久，玄宗对寿王的印象也越来越好。武惠妃觉得时机越来越成熟，决定加紧废太子的进程。可自从上次事件后，太子行事更加谨小慎微，让武惠妃无从下手。时间紧迫，就怕夜长梦多，可又无计可施。杨洄看着岳母着急的样子，知道岳母的心事所在，上前建议道："母妃不要着急，他们虽然行事小心，但我们可以引蛇出洞。"

"怎么个引蛇出洞？""如此这般……"
两人商量完毕后，武惠妃便开始实施这
个计划。

她派人请太子三人赴宴，又特意告
诉他们最近宫中不太平，常有贼人出入，
所以他们可以佩剑防身。虽然知道武惠

妃可能没安什么好心，但是武惠妃的邀请他们却是不好拒绝的，只好前去赴宴。他们一上路，就有人报告了。武惠妃见三人中计，一面命令侍卫捉拿反贼，一面撕破衣服、弄乱头发，跑到玄宗面前，一把鼻涕、一把眼泪地哭诉起来：“皇上救我，皇上救我……”

“爱妃，发生了什么事？”

“皇上，太子造反了，他要杀臣妾，臣妾跑得快才幸免于难啊！”

“啊？真有此事，爱妃别怕，和朕一起去看个究竟。”玄宗向后宫走去，果然看见太子三人拿着剑被侍卫包围起来。

"你们好大胆，竟然要造反，该当何罪？"

"父皇，儿臣冤枉啊，是武惠妃邀请儿臣来赴宴的！"

"一派胡言，既是赴宴，为什么要带剑，你在皇宫长大，难道不知道入宫不可以随便携带兵器吗？"

"父皇，是武惠妃特意叮嘱的啊！请父皇明鉴，儿臣冤枉啊！"

"爱妃，太子所说是否确有其事啊？"

"皇上，臣妾从来没有邀请太子赴宴啊！皇上明鉴！"

"好毒的妇人，你今日冤枉我兄弟三

人，我们就是做鬼也不会放过你的！"

"来人，把这三个逆子收押再审。"

武惠妃还在一旁哭哭啼啼："皇上一定要为臣妾做主啊！皇上……"

"爱妃放心，朕一定会给你一个说法的。宣李林甫进宫。"

李林甫入宫面圣，唐玄宗问他："太子无德无能，朕早就想废掉他，却遭到朝臣的反对。今日他竟然又联合另外两个王爷造反，朕想废掉他，爱卿认为怎么样？"李林甫回答说："这是皇上的家务事，皇上不需要和朝臣们交代！"于是玄宗把太子等三人贬为庶人。后来武惠妃又找机会杀死了三人。

太子被废，武惠妃以为寿王的机会来了，找来李林甫商议重新立太子的事情。可是当时天下人都觉得太子死得冤枉，认为武惠妃做得太绝，舆论对寿王很不利。李林甫也知道这个时候在皇上面前举荐寿王，对自己可能不利，所以和武惠妃虚与委蛇，事情没有马上成行。自从设计杀害了太子三人后，武惠妃的身体渐渐虚弱起来，她常常梦见三人的

鬼魂来向她索命。她也后悔自己当时为什么那么冲动，太子已经被贬为庶人，对自己不会有威胁了，为什么还要杀了他们呢？噩梦常常困扰着武惠妃，武惠妃越来越憔悴，终于在一个没有月亮的晚上离开了人世，那年她才38岁。

武惠妃的死对玄宗是个很大的打击，玄宗终日茶不思、饭不想，人也渐渐憔悴了。高力士在一旁瞧在眼里，疼在心里。他下定决心要帮玄宗再找一个佳人来。都说南方出美女，高力士亲自出马，南下寻找美人。皇天不负苦心人，他为玄宗带回了梅妃。梅妃虽好，但玄

宗还是不能忘记武惠妃，常常会想起她。
当时，每年的十月，皇上都会带着家人
到华清宫游乐。又一个十月要到了，高力
士想着到时候举办一个盛大的宴会，把
宫中的妃嫔、命妇们都找来热闹热闹，
让玄宗高兴高兴。转眼，十月到了。玄
宗带领着自己的妃嫔和儿孙们一起游幸

华清宫。十月的长安已经很冷了，但这华清宫内却还如夏季，百花鲜艳、温泉暖暖。第二天，宫廷中举办了声势浩大的宴会，所有妃嫔、命妇都应邀出席，整个后宫被各式各样的美人包围着。只有玄宗一人仍是郁郁寡欢，他还沉浸在失去武惠妃的悲痛之中。虽然最近高力士又从外面为他找了些新的妃子，其中也不乏梅妃那样清新脱俗的女子，可在他的心里却总不能忘记武惠妃的好，越是在欢娱的时刻，他越是想起武惠妃的音容笑貌。所以，当他的儿女们在前庭嬉戏时，他独自一人走在宫廷的小路上排遣寂寞。他静静地走着，仿佛这路没有尽头。恍惚中，武惠妃似乎正站在前方，背对着他，观赏美景。"爱妃，爱妃，爱妃回来看朕吗？"说着，玄宗向那女子扑了上去。谁知这女子一回头，竟不是武惠妃。虽然不是武惠妃，但美丽更胜武惠妃。玄宗心想："不知是谁家女子，长得竟如此像朕的爱妃，难道是上天可怜朕，派这个女子下来？""你是谁家女子啊？"

杨玉环因为不胜酒力，偷空出来吹吹风，没想到竟然在这里碰到了天子，简直受宠若惊："臣妾是寿王妃。""寿王妃？"虽然玄宗从看到她时就喜欢上了她，但没想到这女子竟然是自己的儿媳，不免又惆怅起来。回到内寝，愁眉不展。随行的高力士看出皇上喜欢上了寿王妃，知道皇上的心事所在，上前劝解道："皇上不必担心，臣有办法让寿王妃进宫侍寝。"

"什么办法？"

"皇上可以以已故太后的名义，命寿王妃出家为太后祈福，一段时间以后再让她还俗，这样天下人也不会说什么的。"

"果然是好方法，你速速去办。"

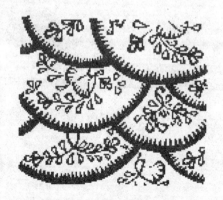

高力士来到寿王府，宣读了皇上的旨意。这对寿王来说简直就是晴天霹雳，母亲刚去世不久，妻子又要出家。这是

为什么? 寿王想不明白,他哀求高力士能否让父皇网开一面。可此时的高力士却是铁石心肠:"寿王,让你的妻子为太后祈福是你的福气,你如果不识大体,你父皇会不高兴的!"皇命不可更改,倒是杨玉环显得镇定很多,她把寿王搂在怀中:"寿王,人生祸福难定,臣妾不能再服侍你了。臣妾走后,你要保重身体,好好生活。"开元二十八年,杨玉环毅然离开了寿王府,被送进后宫,做起了女道士。玄宗赐号:太真。

按说做道士本应到道观去做,可是

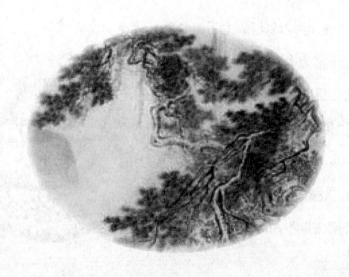

唐玄宗却把杨太真接进了宫中，还在皇宫中特意给杨太真修建了道观，称为太真宫，他的良苦用心可见一斑。刚开始，为避人耳目，唐玄宗还按捺自己，让杨玉环做了几天的清闲女道士。可时间一长，看着这个美人儿就在身旁，唐玄宗再也按捺不住了，他要拥有她。于是，他带着杨太真来到了骊山温泉，借着修养的名义，日日笙歌、夜夜欢娱。刚开始，杨太真还很怀念和寿王在一起的日子，渐渐地，君王的宠爱让她把寿王抛在了脑后。她开始把心思用在怎么更好

地迎合圣意、更好地获得皇上的欢心上，她清醒地知道：她已不是那个少不更事的寿王妃了，既然皇上喜欢她，那她就只好让皇上更喜欢她，她可不想长伴青灯、浪费自己的青春年华。更何况她俘获的是一个君主的心，她将成为全天下女性的首领，那该是怎样一种气魄！

两人回到宫中，杨太真还是住在道观里，玄宗则返回兴庆宫。这次回宫，两人多了几分默契。白日里，杨玉环做她的女道士，晚上则夜夜侍寝。渐渐地，杨太真的地位日益明朗，她见玄宗时不再穿道服，而是穿普通嫔妃穿的衣服，宫女们也称呼她为"娘子",两人过上了实际的夫妻生活。天宝四年,杨玉环做道士也已经四年多了,玄宗认为时机成熟,朝野都已经知道杨太真是他宠幸的人,决定把杨太真扶正,给她一个名号。目前只剩下一个障碍了:寿王还没有妃子,只有先给寿王选了妃子,册封杨太真才显得顺理成章。

之前也有给寿王说媒的,可寿王还沉浸在失去爱妻的伤痛之中,没有心情再娶,他心里还存有一丝侥幸:也许他的玉环哪一天就回来了。虽然也时时能听到从宫中传出来的消息:杨太真和皇

上去温泉共浴、杨太真和皇上夜夜厮守……但他始终不愿意相信，他的妻子不可能背叛他投入别人的怀抱，何况那个人还是他的父亲，他父亲当年是那么爱他的母妃，怎么会夺他所爱呢，他不相信。玄宗也知道他这个儿子是个固执的人，以前没有时间多管，这次涉及到他自己册立新妃的事情，他不得不上心一点。他知道这寿王向来听咸宜公主的话，便把咸宜召进宫来，摆出一副慈父的面孔："咸宜，你哥哥没有王妃已经四年了，朕看着很不忍心，现在有一个好

姑娘，贤良淑德、出身名门，朕想把他赐给你哥哥做王妃，你去和他说说。"这咸宜公主自从武惠妃去世就失去了玄宗的宠爱，今天又被父亲叫到身旁，自是感到激动莫名，一口应承下了这个差事。她来到寿王府，把事情告诉了哥哥："哥哥，父皇想把韦氏册封为寿王妃。这韦氏是名门之后，她的上祖父是韦巨源，也就是武皇后时期的宰相。你如果娶了这韦氏，对你将来的发展会有帮助的，你可不要再推辞了。"

"我谁也不娶！"

"哥哥好糊涂，寿王妃不会再回来了。听说父皇要立她为妃，你怎么能和父皇抢女人呢！父皇喜欢上她，你就再也没

有机会了。如果你还对她念念不忘，只会招致父皇的反感，那你不但等不回寿王妃，连自己的命都会搭进去的。

寿王听了妹妹的话，知道大势已去，就勉强答应下了这门亲事。

韦氏正式被册封为妃，接着玄宗要考虑册封自己的美人儿了。"给她一个什么封号好呢？想封她为皇后，可是朕已经几十年没有册封皇后了，这样一来难免惹人注意。毕竟玉环曾经做过寿王妃，朕还是低调一些，封她做贵妃吧！"想好了以后，玄宗兴致勃勃地把这个消息告诉了杨玉环："朕要封你做贵妃，你高不高兴啊？"杨玉环虽然是以女道士的身份入宫的，可是前后在宫中也只住了四年多的时间，对于皇帝妃嫔的称号还是有一些了解的。"贵妃？贵妃不是仅次于皇后的吗？听说自从王皇后被废后，皇上再没有立过皇后，那我不就是这后宫中最大的官了吗？"杨玉环越想越高兴，娇滴滴地对玄宗说："谢皇上！"

为避免惹人议论，贵妃册立的仪式并不盛大。虽然只是小型宴会，两人还是柔情蜜意、极尽欢娱。杨玉环一朝得志，自然也不会亏待了家人。玄宗追封杨玉环已经故去的父亲杨玄琰为太尉齐国公，封杨玉环叔父杨玄珪为光禄卿，堂兄杨铦为鸿胪卿、杨锜为侍御史。就连她的三个姐姐也分别被封为夫人：大姐被封为韩国夫人、二姐被封为秦国夫人、三姐被封为虢国夫人。

正所谓"一人得道，鸡犬升天"，杨家的势力自此兴旺起来。三姐妹在京城中买房置地，凭借妹妹的受宠，在京城中越发不可一世起来。朝中有规定，入宫觐见必须要步行，不能携带兵器，但虢国夫人可以骑马入宫觐见，可见唐玄宗对杨家的恩宠。一次，虢国夫人从宫中回府，在路上碰到了建平公主的鸾驾，她非但不避让，反而让公主给她让路。

公主哪里受得了这个屈辱，在路上和她争执起来。这家丁也是胆大，平日仗着主子的势力颐指气使惯了，竟然扬起马鞭动起手来。马鞭不仅打到了对方家奴的身上，也打到建平公主的身上。驸马督尉独孤明下车搀扶公主的当儿，也挨了几鞭。看着建平公主的可怜模样，虢国夫人咀嚼着胜利，满意地离开了。建平公主哭着进宫见驾。玄宗见女儿满脸泪痕，忙问道："是谁这么大胆，连朕的女儿也敢伤？"

"父皇为女儿做主啊！"说着又抹起眼泪来。

建平公主把事情一五一十地说了。玄宗一听是虢国夫人做的，态度立即

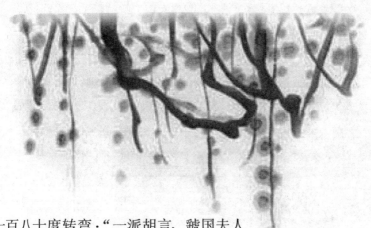

一百八十度转弯："一派胡言，虢国夫人向来为人贤淑，怎么敢阻拦公主的车驾，还伤人？一定是你们仗着自己是皇亲国戚，作威作福，还反咬一口，朕对你们实在是太失望了！"

建平听到父皇的话后，惊讶得一时说不出话来。"疼爱自己的父皇哪里去了？今非昔比，父皇真的是变了！"建平悻悻地退出皇宫，连驸马也因为这件事被革去了官职，朝野为之震动。大家自此更知道了杨氏一门的厉害，也看出了皇上对杨家的特殊恩宠，此后对他们不是敬而远之，就是曲意逢迎。

杨家一门虽然自此显赫，有一个人

却被忘记了，他就是后来历史上赫赫有名的杨国忠。杨国忠本名杨钊，国忠是后来的名字。他是杨玉环的从祖兄，自小就是个混混，整日里没有什么正经事做，混吃混喝、喝酒赌钱。一次，在老家和人赌钱，结果输了太多还不起，就偷偷跑出来投奔蜀州的叔父杨玄琰。刚来到叔父家他还比较克制，装成是一个知书达理的人。时间一长，又去喝酒、耍钱。有时赢点小钱，还给妹妹们买点小礼物哄她们开心。可赌钱是十赌九输，渐渐地他又欠下了一大笔赌债，债主竟跑到杨玄琰家来要。杨玄琰官虽然不大，

可也是书香门第，家里哪里发生过这样
的丑事，赶快替他还了赌债，撵走了他。
这杨钊在亲戚中早已经臭名昭著，寻思
着自己也没有什么地方去投靠了，不如去
参军吧，也许能混个一官半职的，所以
去参了军。他长得魁梧，又有力气，打
仗的时候表现勇敢，刚开始挺被看好。
可时间一长，他就又犯了老毛病，到处
敲诈、欺软怕硬、喝酒闹事，因此被赶
出军营。杨钊本以为自己这一生也就这
样了，要靠为人打架、看家度日。后来，
听说自己的堂妹竟然已经贵为贵妃，他
知道自己又有机会了。和这杨玉环虽然不

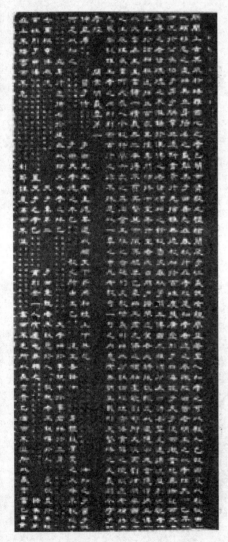

是特别熟悉，但当年在杨玄琰府上，他和那杨家的三妹却是玩得很好，想那远房的三妹还是会帮忙的。下定决心以后，他一个人来到了长安，先是找到虢国夫人的住处。虢国夫人倒也很热情。杨钊大包小包地把从蜀地带来的特产送给虢国夫人，再加上他的甜言蜜语，虢国夫人答应为他引见。

杨玉环对杨钊的印象不深，不过三姐极力让她见见，她也不好推辞。杨钊见了自己的堂妹又用上了那套甜言蜜语的功夫，加上带来的蜀地特产又让杨玉环想起了自己的童年时代，一阵感伤过后，求了唐玄宗给了他一个金吾兵曹参军的差事。杨钊当然不会满足于一个小小的金吾兵曹参军，他借助虢国夫人的力量，头上又顶了一个国舅的头衔，开始混迹于达官显贵之间。这杨钊在家乡虽然不务正业，但到了京城，看到自己有了如此机会，便渐渐收敛起来，一心

在仕途上钻营，官也渐渐做大了，很快
从金吾兵曹参军升入了户部，做起了户
部的度支判官。接着他又升为监察御史、
检校度支员外郎兼任御史等职。来京城
不到一年的时间里，杨钊的官升了又升。
他对官场上的事情也渐渐摸清了道路。
他知道自己如果想有更大的发展，必须
得找一颗大树来靠了。虽然自己的堂妹
是皇上的宠妃，但朝中自有朝中的势力，
现在朝中明显地分为两派：宰相李林甫
一派和太子李亨一派。

　　当年，李林甫挖空心思讨好武惠妃，
想把寿王扶为太子。可是武惠妃走得太
早，树倒猢狲散，寿王没有了靠山，还

是没能当成太子，连自己的妻子也被皇上霸占了。寿王没有了利用价值，李林甫自然弃他而去，开始认真钻营自己的权势。新立的太子李亨也想快些培植自己的势力，但他刚刚被立，羽翼还不丰满，不能明目张胆地与李林甫抗衡。所以只能维持表面的和谐，背地里做些动作。他一面笼络朝臣，一面对边疆带兵的将领示好，韦坚和皇甫惟明就是其中重要的两位。韦坚是他的小舅子，因为开凿广运潭成功，受到皇上的重用。皇甫惟明曾经做过太子的幕僚，现在是河西、陇右节度使，手握重兵。太子本以为内有功臣帮助、外有将臣辅佐，李林甫应该不敢对他轻举妄动。可他低估了李林甫的实力，他的一举一动都在李林甫的视线中，李林甫正在寻找机会将他们一举歼灭。

正赶上皇甫惟明与吐蕃打仗，大败吐蕃，来京城报捷。太子想利用这个机会和他商量一下以后的路该怎么走。可是太子私会边疆重臣很容易落人口实，被人说成图谋不轨。所以太子李亨、皇甫惟明、韦坚三人在夜里找了一个道观，换了便服相见。几人对李林甫的专政都很不满，先是发了一顿牢骚。然后皇甫惟明问道："太子以后有什么打算？"

李亨说："我想找机会扳倒李林甫那个奸臣，但现在时机还没到，我的想法是我们再忍忍。"

皇甫惟明说："不如我们发兵杀了那个狗贼。"

韦坚阻止道："万万不可，小不忍则乱大谋。皇上百年以后就是太子登基，我们没有必要自讨祸事。我们只要小心

防范，自然会找到机会扳倒那个奸臣的。"

　　几个人商量完毕，满意而归，自以为神不知、鬼不觉。可李林甫的爪牙一路跟踪他们，对他们的见面、谈话了如指掌。李林甫觉得自己扳倒太子的机会到了，开始在京城散布消息："太子私自和皇甫惟明见面。皇甫惟明要以两镇官兵为后盾，协助太子谋反。"接着已经被买通了的御史上表弹劾太子等人，说他们意图不轨。玄宗看着奏章，不知道是真是假，不过已近暮年的唐玄宗对权力非常痴迷，宁可信其有，不可信其无！他立即命令京兆府法曹吉温审理此案。

　　吉温也是李林甫的亲信之一，他的叔父曾经做过唐朝的宰相，可他并不像自己的叔父那样勤勉读书，而是终日游手好闲，想要通过别人的举荐来做官。后来经过太子文学薛嶷的推荐，曾经得到玄宗的召见。玄宗对他的评价为"是一不良人，朕不用也"。虽不被赏识，但

吉温也不气馁，开始寻找新的路子。他知道高力士跟随玄宗多年，深得玄宗的信任，便花重资买通了高力士，让他在皇上面前多替他说好话。玄宗虽然对吉温印象不好，可也禁不住高力士天天在耳边说他的好话，渐渐地以为是自己看错了人，这吉温可能有些才能，便委了他一个法曹的差事。吉温看高力士这条路走通了，又开始巴结李林甫，正赶上李林甫要打击左相李适之，他勇做先头兵，为李林甫立下了汗马功劳，被李林甫收在了门下。

此时的杨钊是推理侍御史，他也要参与此案的审理。很明显，这是两方势力的一次交锋，该站在哪一边他必须要

认真考虑，如果站错了队，小则丢官，大则丢命。经过再三的思考，杨钊决定站在李林甫这一边。他觉得：自己的堂妹是皇上的宠妃，将来如果太子做了皇上，就会有新的宠妃，那他杨家的好日子可就到头了，不如投靠李林甫，如果能合伙废了这个太子，扶植一个有利于自己的太子，那将来即使自己的堂妹不受宠了，自己的权力还是保得住的。主意下定以后，他主动向李林甫示好，然后帮助吉温审理这个案件。韦坚、皇甫惟明知道谋反是个什么样的罪名，自己性命不保且不说，更会祸及族人，所以他们一口咬定三人见面是偶然的相遇，绝对没有事先约好。杨钊用威逼、利诱、酷刑都没起作用，玄宗知道了以后也很无奈，他知道太子和边疆重臣私会的事决不会是偶然的，可无凭无据也不好随意处置人。何况晚年的唐玄宗一心沉迷在享乐之中，身上的杀戮气少了很多，所以最后只是贬了两人的官了事，自己则又跑回到杨玉环为他勾织的温柔乡中。如此大的罪名，最后竟然只是以两个大臣贬官了事，李林甫实在是有点气不过，

不过他毕竟借此机会消除了太子身边的重臣，也没吃亏。

朝廷上的你争我夺、风波暗涌丝毫没有影响到玄宗和杨玉环玩乐的雅兴。自打杨玉环被立为贵妃，唐玄宗终日与她厮守玩乐、亲亲热热，把朝中大小事务交由宰相李林甫负责。杨玉环爱吃荔枝，唐玄宗想尽办法满足她。于是唐玄宗派人从遥远的蜀州——杨玉环的家乡把荔枝送过来，光驿马就累死了许多匹。长安的百姓不知道，还以为是有什么紧急的军情呢！杨玉环喜欢跳舞，每每有宫廷宴会都会亲自舞上一曲，唐玄宗还会亲自为她击鼓助兴。有时候是他们的二人世界，也有的时候，杨玉环把众妃嫔都叫来，让她们围坐成一圈，个个浓妆艳抹，而她杨玉环则永远是其中的主角。两人也常去骊山行宫重温旧情，好不快乐。有时杨玉环还亲自编制舞蹈，娱乐圣心。杨玉环编了新的舞蹈后，喜

欢找名人填词。当时贺知章、王维等人都是京城响当当的文人，贺知章知道皇上想搜罗文人，趁机向皇上推荐了诗仙李白。玄宗也听说过李白的名气，早就想见见了。现在有大诗人贺知章的举荐，便决定宣他进京见驾。

此时的李白并不在京城，而是在遥远的南陵乡下终日以游玩、喝酒、写诗吟诗为乐。几年前他也曾满怀着热忱来到京城，想要谋个一官半职报效国家。那次去并没有引起皇上的注意，倒是结交了贺知章等有名的文人，他们惺惺相惜，遂成了忘年交。贺知章看到李白的

诗被深深地震撼了，虽然他已经八十多岁了，却还没有见过写得如此潇洒飘逸的诗。从那时起，他就认定李白是一个人才，他坚信李白能有出人头地的一天。

李白接到玄宗的诏令后非常欣喜，收拾停当后立即起程，日夜兼程来到了长安。他先是去拜访了老朋友贺知章等人，然后由贺知章陪着进宫见驾。玄宗和杨玉环见他果然气宇轩昂、气度不凡，让他即兴作诗也是才思横溢、信手拈来。玄宗一高兴，给了他一个供奉翰林的差事。供奉翰林是虚职，负责起草诏命，实际上并没有什么权力。可是一进京就能有此成就，李白也很知足了。皇上不召见他的时候，他终日饮酒作诗，广结朋友。京城中有很多人听说过李白的名声，也都来和他切磋诗才，把酒论诗。这天，他又到外面喝酒，喝得醉醺醺的时候，忽然玄宗命他进宫陪驾。他这个样子怎么见驾，可皇上的命令又是断然不能违抗的。情急之下，左右的人只好用凉水把他泼醒，由小太监搀扶着进了宫。原来玄宗正在与杨贵妃喝酒作乐，突然想起了李白。杨玉环提议：何不让李翰林进宫作诗助兴呢！所以玄宗就把已经醉酒的李白叫入宫中。李白摇摇晃晃地就了座，正赶上杨贵妃亲自上场献舞。这杨玉环虽然体态丰腴了些，但跳起舞来却是别有一番风韵。玄宗早已经看得意乱情迷，李白也欣赏得如痴如醉，信手写下了《清平调》三首：

其 一

云想衣裳花想容，春风拂槛露华浓。

若非群玉山头见，会向瑶台月下逢。

其 二

一枝红艳露凝香，云雨巫山枉断肠。

借问汉宫谁得似，可怜飞燕倚新妆。

其 三

名花倾国两相欢，常得君王带笑看。

解释春风无限恨，沉香亭北倚阑干。

玄宗看完，拍手称妙。杨贵妃舞完一曲，盈盈地走了下来，也拿起《清平调》品看起来。一看诗中都是在夸赞自己，竟然还夸赞自己的美貌胜过汉朝美女赵飞燕。听说他来的时候还喝多了酒，在酒醉的情况下，用这么短的时间，竟然写出了如此美妙的诗句，果然名不虚传。从此杨玉环对李白更是另眼相看，有什么宴会都会把他叫上助兴。这李白本来就清高孤傲、不可一世，现在又得到了杨贵妃的喜欢，更加有些忘乎所以了。一次宫廷宴会，玄宗让他写诗，他酒喝得多了些，竟然借着酒劲说脚不舒服，写不出来。接着顺势让站在身旁的高力士替他把靴子脱掉。这高力士虽然是一个太监，可跟随玄宗多年，在朝中是极有势力的，连李林甫都要让他几分。

今天李白竟然让他脱靴，那真是摸到老虎屁股了。可是在一旁的玄宗只觉得好玩，也不阻止。高力士已经年届花甲，竟然在众多朝臣面前为一个小小的翰林脱靴，感到十分的耻辱，可皇上在这里，他也不好发作，只能硬着头皮为李白脱去了靴子。李白舒服了，大笔一挥，又写下了壮美的诗篇。可高力士却自此与李白结了仇，一直想找机会报复他。

这天，杨贵妃闲着没事，又在看李

白为赞美她而写的《清平调》。高力士眼睛一转，有了主意，上前说道："娘娘喜欢这首诗？"

贵妃回答道："正是，这李太白作诗想象高远、比喻恰当，很招人喜欢。"

高力士又说道："娘娘，老臣有些话，不知道当讲不当讲？"

贵妃忙问道："有什么事情就说吧，不要吞吞吐吐的。"

高力士假装小心地说道："老臣认为李太白语出讥讽，贬损娘娘。"

贵妃奇怪地问："这话怎么说呢？他诗中不是夸赞本宫美，就是夸赞皇上对本宫的喜欢啊！"

高力士回答道："他是别有用心。娘娘看，古代美女有很多，贤良淑德的更是不乏其人。可这李太白竟然把您比喻成汉宫赵飞燕。这赵飞燕是美人不假，可是她淫乱后宫，后来被贬作庶民，自杀而死。李白将您比喻成她，弦外之音是什么呢？何况这赵飞燕纤瘦无比，相传可以在人的手掌中跳舞。可是娘娘您的美是丰腴圆润的美，李白说赵飞燕美，又把您的美和瘦弱的赵飞燕比，那他又想说明什么呢？所以臣认为他表面上是在赞美您，实际上是在贬损您啊！"

杨玉环本来对自己先嫁儿子，又嫁公公的事情就讳莫如深。现在听高力士一分析，更觉得李白是有意指桑骂槐，生气地说："好大胆的李太白，竟然敢讥讽本宫，本宫一定要他好看！"自此，杨玉环对李白留下了坏印象。此时正赶上韦坚新近开凿广运潭成功，玄宗开心地带着杨玉环到潭上庆功。有了美人、美酒，玄宗却总觉得缺少了什么，原来没有李白在这里写诗助兴。玄宗对贵妃提议道："爱妃，把那个李太白叫来助兴如何？"杨玉环假装不知道，说："哪个李太白？"

"爱妃记性好差啊！就是为你写《清平调》的那个李太白啊！"

"哦，原来是他。不提他还好，提他本宫就生气。"

"这李太白难道什么时候惹到了你？"

"皇上，臣妾看这李太白并没有什么真才实学。听说他天天喝酒，看来是个酒色之徒。皇上那么信任他，他却不知道珍惜，前些天作的《清平调》竟然把臣妾比作淫乱无耻的赵飞燕。臣妾如果是赵飞燕，那皇上不就是昏君汉成帝了吗？可见他有多么狂妄自大。哪天如果他真做了什么大官，还不一定会做出多么离谱的事情呢！所以臣妾劝皇上离这个奸佞小人远一些比较好。"

"哦？竟有此事？"玄宗虽然知道李白的诗名，但是他更愿意相信自己的爱妃，从此疏远了李白。后来杨玉环又找了个机会让玄宗把李白贬出京城。可怜李白空有一身抱负，也只能黯然离开了长安。不过，话说回来，如果李白真的成了唐王朝的一个重臣，那么也许就没有那旷达飘逸的诗仙李白了，更不要说他给我国古代文化留下的那许多灵动的诗篇了！

三、争风吃醋
贵妃出宫

唐玄宗对杨玉环宠爱有加，两人的日子和和美美、恩恩爱爱，却苦了后宫那三千妃嫔。想这三千妃嫔被选送入宫，都希望能得到皇上的宠幸。现在唐玄宗专宠一人，其余的人自然连皇上的边儿也碰不着了。平时没有被皇上宠幸过的人还好，最难挨的还是那些曾经被皇上宠幸过的妃子，她们也曾经是玄宗的枕边人，知道被一国之君宠幸的滋味。如今她们都被打入了冷宫，不免凄凉。在

武惠妃死后，杨玉环入宫前的一段时间
曾经得到过玄宗宠幸的梅妃就是其中一
个。

梅妃原名江采苹，出生在福建莆田
珍珠村一个书香门第家庭。父亲饱读诗
书，对医理也有很深的研究。江采苹是

家里的独生女，父亲把自己的希望都寄托在了这个女儿身上。虽然作为父亲他并不奢望自己的女儿将来能够大富大贵，但他希望女儿能继承自己的才学和品格、造福乡里。从小，他就很重视对女儿的培养。女儿也不辜负父亲的期望，6岁就能吟诗，9岁就能背诵成本的诗文。长大以后，不仅诗名远播，还出落得清新窈窕、楚楚动人。四方的人听说江家有这么一个奇女子，纷纷前来求婚。江采苹的父亲觉得女儿还小，想让她在自己身边再陪伴几年。

　　适逢武惠妃病故，唐玄宗抑郁不已，派高力士广寻天下美女，以娱圣心。高力士来到福建莆田，听说了江采苹的声名，前去造访。站在眼前的女子果然清新脱俗、与众不同。高力士暗自揣度："这女子虽然生活在乡野，却有宫中女子少有的脱俗气质，如果带回去一定会让皇上耳目一新的。"高力士把来意和江采苹的父亲说了，江父从来没想过自己的女儿能有如此造化：做皇上的妃子。当然，他也从来没想过让自己的女儿攀高枝，做凤凰。他是一个平凡的父亲，预想的是给女儿一个平凡女子应有的幸福。现在，宫中来的人竟然看中了她。皇命难违，看来女儿一定要去了，这究竟是福还是祸，他不知道。他只能为自己的女儿祈福，保佑她入宫顺利。江采苹是个明事理、识大体的女子，父亲和她说这件事的时候，她丝毫没有反驳，并不是因为她贪图富贵，而是她明白君叫臣死，臣不得不死的道理，既然她被选妃的人看中，那就听天由命吧。第二天，她打点行装，辞别了父母，跟随高力士跋山涉水去往长安。

　　江采苹入宫后，凭借高力士的大力举荐和自己清新脱俗的气质很快赢得了唐玄宗的喜欢。她从小就喜欢梅花，喜欢观赏梅花、描摹梅花的各种情态，更喜欢以梅花为题材作诗。玄宗知道她喜欢梅花，命人在她住的地方都种上梅花，还赐给她梅妃的称号。梅妃虽然受宠，但为人宽仁、大度，从不恃宠而骄，待人接物平和、礼让。她喜欢过安静的日子，清心寡欲，玄宗觉得她与众不同，很是喜欢。后来，玄宗去骊山行宫小住，碰

到了杨玉环。自从杨玉环入宫，唐玄宗把心思都花在了杨太真一个人身上，对梅妃也渐渐疏远了。杨玉环又常常在唐玄宗耳边说些梅妃的坏话，新欢自然胜于旧爱，梅妃又不擅长左右逢源，也不会对唐玄宗曲意逢迎，最后她竟然被放逐到上阳东宫居住，那里和冷宫也差不多了。

刚住进上阳东宫的时候，梅妃没有什么大的感觉。她反而乐得清静，自己没事儿的时候就吟诗、作画，自娱自乐。可时间一长，梅妃也耐不住寂寞了。虽然她素来喜欢安静，可这上阳东宫也太

安静了些。除了她以外就是些上了年纪的老妈子、老宫女，她写完一首诗连个赏看的人都没有，碰到寂寞的时候也找不到人谈心。她毕竟不是静修的道姑，时间长了也挨不住寂寞，开始念起有皇上宠着的好。可这时皇上已经有了新宠，又哪里会想起她呢？

梅妃思念起以往与玄宗在一起的日子，"皇上是喜欢过我的，他不会这么快就忘了我，我得找一个人帮我和皇上说说。谁可以胜任呢？唉，以前怎么没想到结交几个皇上身边的人呢，现在需要时竟然一个也想不起来了。"梅妃正在焦灼的时候，突然想起一个人，那就是当年把她带进宫中的高力士。"高力士是皇上的近臣，一定能说上话的。只是不知道他肯不肯帮这个忙。无论他愿不愿意，我只能求他了。"为了表示对高力士的诚意，梅妃决定亲自去找他、求他。第二天，梅妃特意梳洗了一番，来拜见高力士。高力士在宫中这么多年，自然知道梅妃为何事而来。可现在杨贵妃正得宠，谁敢得罪呢？还是避一避风头比较好啊！所以当家丁通报梅妃来的时候，他让家丁对梅妃说他不在家。梅妃一连去了几次都没见到高力士，她也理解高力士的难处，可在这深宫内院，除了高力士她真的是没有别的人可以求了，只好硬着头皮等候在高力士晚上回住处的路上。晚上的灯光不是很分明，高力士走到近前才认出是梅妃站在那里。躲已经来不及了，高力士只好拱手道："给娘娘请安！"

"快快请起，快快请起！"梅妃搀扶起高力士，眼泪就簌簌地流了下来。她本来没打算哭的，可见到了这个老人后，

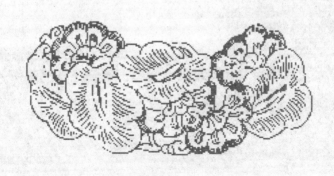

她想起了以前的点点滴滴，泪水不由自主地流了下来。高力士看着泪眼朦胧的梅妃也动了恻隐之心，答应帮她试着在皇上面前说些好话。

这天，有个番邦的小国进献给唐玄宗一些珍珠，唐玄宗把玩着这些珍珠，为大唐的强大兴盛而欣喜不已。站在一旁的高力士看到皇上高兴，趁机小声对皇上说："梅妃好像也是喜欢珍珠的！"一语点醒梦中人，看着眼前的珍珠，唐玄宗想起了那个爱梅的梅妃确实不喜欢金银，只喜欢珍珠，他命令高力士把这些珍珠赐给梅妃一些。梅妃自从求了高力士，在上阳东宫中日日等、夜夜盼，没

想到只盼到几串珍珠，不禁又泪洒衷肠。

提笔写道：

> 柳叶双眉久不描，
>
> 残妆和泪污红绡。
>
> 长门自是无梳洗，
>
> 何必珍珠慰寂寥。

高力士把这首诗拿给玄宗看，又对玄宗说："臣送去珍珠时，梅妃高兴得不得了。还连连打听皇上的近况，问皇上身体可好？梅妃因为日夜思念圣上，终日以泪洗面，形容憔悴！"玄宗看着手中的诗，想起以前梅妃的好。她是那么清

雅、美丽，曾给他的生活注入了一缕清新的空气，而他竟然把她忘在脑后这么久。多年没有看见梅妃，不知道她怎么样了，是否还风采依旧呢？他立即吩咐高力士："你去通知梅妃，朕今晚要召幸她。不过你带她从小路走，千万别让贵妃知道。"高力士陪伴主子多年，察言观色的功夫是很了得的。他知道现在玄宗真正宠爱的是杨贵妃，召幸梅妃只是皇上想起了旧情，想重温一下旧梦。所以他奉旨带着梅妃顺着小路向皇上的寝宫走来。这边玄宗派人告诉杨贵妃自己今天有公务缠身，不能去陪她了。杨贵妃很诧异，皇上最近都很清闲，怎么今天就单单有这么多公务需要连夜审阅？诧异归诧异，她也没有多想，自己在宫中玩起来。

梅妃走在皇宫的小路上，月光照着她美丽的脸。她的心中五味杂陈，想当年她也是皇上宠爱的妃子，今天皇上召幸她竟然还要走小路，真是今非昔比啊！

不知道自己此去能不能挽回皇上的心，
但愿皇上能念及旧情。

　　进宫见了皇上，梅妃准备好的话都
忘了。玄宗将她搂在怀中，梅妃就软了，
眼泪又簌簌地流了出来。玄宗看着她，
并没有因为她在这美妙的夜晚哭泣而责
备她，反而增添了几分对她的内疚之情。
眼前的梅妃还是那么美丽，虽然有些清
癯，但这正是她独特所在。和体态丰腴
的杨玉环在一起久了，偶然和这么一个
纤瘦、苗条的女子在一起自然是别有一

番情趣的。

两个人正开心的时候，有一个人可不开心了，她就是杨玉环。本来玄宗派来的人告诉她今晚不用给玄宗侍寝，她便在宫中自娱自乐。但和玄宗腻在一起习惯了，突然分开还有些不适应，她在宫中待了一会儿，就派人去皇上那里打探消息，想看看皇上在忙什么呢！这人不来还好，一来正瞧见梅妃被高力士带到了皇上的寝宫中，于是赶紧回去把这件事告诉了杨贵妃。杨贵妃一听，非常生气："说是有公务要忙，原来是找旧情人厮混，看我怎么收拾这个小狐狸精！"说着，她竟然要去搅皇上的美事。她身旁一个很亲近的宫女及时拉住了她："娘娘不要莽撞，现在皇上和那梅妃肯定正在一起，娘娘这个时候去会冲撞了皇上的。皇上毕竟是一国之君，极爱面子，在这个时候去闹，娘娘自己会受牵连的！不如明早娘娘再去找皇上，皇上清醒过来，

想起娘娘的好，一定会回到娘娘身边的，到时候何愁没有办法收拾那个梅妃啊！"杨玉环虽然心机不深，但事情的深浅她还是知道的。唐玄宗毕竟是一国之君，自己还是应该把握些分寸的。她听从了宫女的劝告，独自待在宫中，夜不能寐，辗转反侧，等待天明。

玄宗和梅妃久不相见，恋恋不舍，竟然睡到了日上三竿。杨玉环实在等不了了，草草洗了个脸，直奔玄宗的寝宫而来。高力士远远地看见贵妃来了，心想："是谁走漏了风声，这可怎么办好呢？"连忙高声大喊："贵妃娘娘驾到！"一连喊了好几声，表面上好像是尊重杨玉环，实际上他是想让唐玄宗听到了好有所防范。玄宗听到了高力士的喊声，赶紧让

小太监把梅妃抱进夹幕中，然后自己转了个身，假装继续睡觉。杨贵妃闯进来的时候，他假装刚睡醒的样子说："爱妃起得好早啊！这么早来不知所为何事啊？"杨玉环看看唐玄宗，又看看周围。她看到床上有两个枕头，床下有两双鞋，其中一双还是红色的。她知道皇上在骗她，鞋都没穿走，可见人应该还在宫中。于是假装平静地说："皇上还不快些上朝？不知道的人又该说皇上因为臣妾耽误国事了！"

"朕昨晚批阅奏折太多，今早感觉身体不适，就不上朝了，爱妃也早些回宫休息吧！"

杨玉环越听越气，皇上竟然还在说谎："皇上，床下的红鞋是哪里来的啊？"

"红鞋？"玄宗低头一看，梅妃的鞋确实赫然地摆在那里；心中暗自后悔自己的疏忽大意。"这，这红鞋想是哪天爱妃来的时候落下的吧？"

"皇上说谎，这鞋如此瘦小，绝不会是臣妾的！"

"放肆，朕的寝宫有没有红鞋与你有何相干？"

"怎么不相干？皇上是一国之君，皇上的事自然与我们做臣子的相干，皇上不好好治理国政，却与后宫女子厮混！"

"反了你了，朕的事情还轮不到你来评头论足！来人，把贵妃遣返本家！"

家里人看到贵妃被送了回来都很诧异，不知道发生了什么事情，贵妃自己倒

泰然自若。杨钊听说了这个消息后立即跑到府上，他知道自己能有今天，多亏了这位堂妹。她的命运牵系着整个杨家一族的命运，必须要弄清楚事情的来龙去脉，也好想出补救的方法。虢国夫人、韩国夫人、秦国夫人也相继赶了过来。可无论大家怎么问，贵妃都不肯说。她被玄宗宠惯了，不肯在娘家人面前露出自己的委屈。大家都埋怨她的不小心，轮流给她讲失宠的坏处、得宠的好处。她

越听越难过，在自己难过的时候，大家竟然还只是想着他们的高官厚禄，却不为这个小妹想想。只有婶婶一人，从小待她像亲生女儿一样，现在站在她这边为她说话。她摸着婶婶的手，仿佛看到了自己的母亲，泪水涌了下来。在她断断续续的叙述中，家里人都知道发生了什么事。杨钊觉得这个堂妹真的很糊涂，哪个男人没有三妻四妾，哪个皇上没有三宫六院。她竟然因为皇上偶尔宠幸别的妃子而和皇上对着干，这实在是太幼稚、太冲动了。可这些话不能由他这个远房的堂哥说啊，他找来虢国夫人，把道理讲了一遍。虢国夫人也怕失去到手的荣华富贵，就把杨钊教她说的话转说给杨玉环听。刚回来的时候，杨玉环在气头上，什么也听不进去。现在她闹过了、哭过了，也理智了，知道三姐说得很对。可覆水难收，祸闯了她也没有办法弥补啊！

送走了杨贵妃，玄宗也气得够戗。自忖道："枉朕平日里对她那么好，竟然在一群小太监面前对朕大吼大叫，丝毫不留面子，真是辜负了朕的一片苦心。"还在气头上的玄宗本来想找梅妃再续旧情，以泄心中不满。没想到梅妃却被太

监送回去了。他也没有心情再宣梅妃觐见，连早饭也没怎么吃。这一天，他总觉得心里空落落的，少了些什么。挨到了晚上，独守空房，便想起了贵妃的好来，后悔自己不该一时情急，把贵妃送了出去。可他毕竟是一国之君，总不能先低头认错的。高力士看着玄宗魂不守舍的样子，知道玄宗对杨玉环余情未了。皇上不好意思说，他这做奴才的自然要创造机会让皇上顺水推舟了。又到了吃晚饭的时候，玄宗对着满桌的佳肴，没有任何胃口。高力士趁机说道："皇上，贵妃出宫已经一天了。宫外的饮食比宫里可

差得远啊！贵妃吃惯了宫内的美味佳肴，到了外面不知道习不习惯，会不会挨饿啊？皇上不如赐给娘娘一些饭吧。"玄宗一听，想到自己的爱妃可能正在外面受苦，自然动了爱怜之心，让高力士把饭菜给娘娘送去一些。

高力士来到了杨府，杨家人忐忑不安，不知道是福是祸。知道是皇上赐餐，才放下心来，杨钊又趁机给了高力士很多银子，求他替贵妃娘娘说些好话。高力士本来就是要想办法让皇上开心的，现在又有银子赚，他自然乐意效劳。见了贵妃，他先说皇上现在过得如何不好，如何憔悴，怎么思念贵妃；然后又说皇上如此思念贵妃，贵妃也应该有所表示啊！高力士明白：杨贵妃必须要先低头，皇上才能就着台阶接她回去。听高力士这么一说，杨玉环也知道自己的机会又来了。可应该怎么表示呢？正在踌躇的时候，她看到了自己肩旁的秀发。身体发肤，受之父母，何不把头发带给皇上，既不丢面子，也能表赤诚之心！于是她剪下了一缕青丝拿给高力士说："皇上待臣妾不薄，可臣妾竟不知珍惜。犯下大错，惹皇上生气。臣妾无以为报，愿把陪伴了臣妾三十年的头发献给皇上。以后就让

它代替臣妾长伴皇上左右，臣妾当以死谢罪！"

高力士把杨贵妃的头发献给了玄宗，手里拿着爱妃的秀发，玄宗竟然老泪纵横，他离不开这个美人儿啊！高力士又说："皇上，贵妃娘娘就算做错了，也应该留在宫中由皇上处置，不应该让她流落民间，被人指指点点啊！"

玄宗立即吩咐高力士："明早接贵妃回宫！"这晚，玄宗和杨玉环都没睡好，辗转反侧、不能安眠。

同样失眠的还有梅妃。昨夜一宵欢乐，不知道皇上是否重新喜欢上了自己。

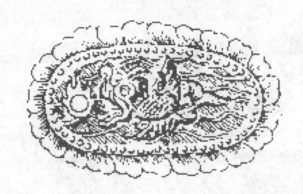

听说杨玉环被遣送出宫了，今晚会不会
召幸自己呢？可当第二天早晨，听说杨玉
环又被接回来的消息时，梅妃知道自己
这回失败了。后来她又仿照西汉司马相如
为陈阿娇写的《长门赋》，自己写了一篇，
希望能挽回玄宗的心。但这篇至诚之作
最终石沉大海，没有任何回音。安史之
乱时，这个颇有才情的梅妃也惨死在了
反贼的乱刀之下。

　　且说杨玉环回宫后，本以为因为这
件事会和皇上之间产生隔阂，所以想尽
办法取悦玄宗。玄宗是真心喜欢她，也
就不那么和她计较。小别胜新婚，几天
工夫，两人便恩爱如初，甚至更胜从前了。

四、养虎为患 祸起萧墙

玄宗只顾着在后宫和杨贵妃莺歌燕舞，卿卿我我，整个朝中大小事务都交给了李林甫处理。掌握重权的李林甫竭力排除异己、独断专行，一方面继续消除太子的羽翼，一方面提拔投靠自己的人。杨钊作为他的心腹爱将，在李林甫铲除异己的过程中出了不少力。短短几年间，杨钊的职位一升再升，竟也成为皇上面前的红人、炙手可热的人物。虢国夫人又劝告杨贵妃要多多提携这个堂

兄。为什么呢？因为杨贵妃虽然受到唐玄宗百般宠爱，可是她本身出身低微，没有强有力的娘家做后盾，万一哪天皇上不喜欢她了，她去依靠谁呢？趁着现在自己有能力，培植一些自己的亲信总是有好处的。所以杨贵妃在玄宗面前也常说杨钊的好话，杨钊本来就很能钻营，加上李林甫的庇护、贵妃的提携，自然平步青云，顺风顺水。

官做大了，杨钊的心气儿也和从前不一样了。刚到长安那会儿，他四处求人，夹着尾巴做人。现在，他已经能和李林甫比肩了，自然不用再低三下四，反倒是别的朝臣有事没事常往他这儿跑。李林甫看到杨钊日益嚣张起来，感觉到了威胁，想找机会除掉他。杨钊也不是省油的灯，他看到皇上对自己越来越信任，也产生了封侯入相，代替李林甫的想法。两人你争我夺，互有失守。可杨钊是杨贵妃的堂兄，杨玉环随便吹些枕边风都能让他李林甫死无全尸。所以这场争夺

自然是以杨钊胜利而告终。李林甫最终气得病死了，杨钊如愿以偿，取而代之，成为权倾朝野的新一代宰相。刚一上任，他就露出了自己凶残的本相。李林甫虽然已经死了，杨钊多方搜集证据，要彻底扳倒李林甫在朝中的势力。李林甫为相多年，坏事自然没少做。杨钊再添油加醋、横加杜撰，最后一纸奏折呈给唐玄宗。唐玄宗一看自己信任多年的宰相竟然恶贯满盈，不禁大怒，要重惩李家。李林甫的坟被挖了，儿女被流放，可怜他荣耀一生，却落得个如此下场。

　　杨钊的时代真的来了。晚年的唐玄

宗更加不理国事，终日与杨贵妃在后宫厮混。为了便于自己安心玩乐，他将权力进一步下放，朝中事务如果不是十万火急的大事，杨钊都可自行决断。杨钊为表自己衷心，还谎称自己名字中的钊字由金、刀组成，不利于国家兴旺，请求皇上赐名。昏聩的唐玄宗觉得杨钊为了国家的长治久安连受之父母的名字都要改，真是一片赤诚，当即赐给他国忠的名字，让他永为大唐效力。而玄宗自己则更安心地与杨贵妃玩乐！

当初李林甫为了让自己做稳相位，也为了牵制太子的势力，曾经上表建议以夷制夷，任用少数民族将领管理边防地区。少数民族的将领常年驻守在边防

地区，与朝中大臣接触不多，唐玄宗觉得这个办法可以避免朝臣和带兵的外臣勾结，引起祸端威胁他的江山，所以欣然接受。由此安禄山登上了历史的舞台。

安禄山是胡人，他母亲生下他后又嫁给胡将安延偃，他便冒姓安氏，改名为安禄山，后来他从军跟随张守珪。安禄山骁勇善战，很得张守珪的喜欢，很快被擢升为捉生将，后又升为张守珪的偏将。安禄山也不辜负张守珪的美意，但凡有战事发生，都身先士卒，常常取胜，张守珪高兴地收他为义子。后来在奉命攻打契丹的战争中，安禄山惨败，差点没被处死。张守珪为他向玄宗求情，他才躲过一劫。劫后余生的安禄山非但没有一败涂地，反而越走越顺。张守珪因谎报军情被贬的时候，他不但没有被牵连，反而因为作战勇猛而被升为平卢军兵马使。安禄山虽然外形憨傻，却是一个富有心机的人，他知道朝廷中李林甫当权，就在边疆搜集奇珍异宝讨好李林甫。趁着李林甫提倡以夷制夷的机会，他被李林甫举荐，又升为范阳、平卢两镇节度使。唐朝的节度使不仅掌有兵权，还协理地方的政事，相当于称霸一方的诸侯了！安禄山得此机会，表面上对李林

甫感恩戴德、更加恭敬。

唐玄宗提拔了安禄山，自然要见见他是何许人也，宣他进宫见驾。安禄山来到长安，没有先见皇上，而是先来找李林甫，等待皇上的召见。第二天早朝，皇上召见了他。没想到眼前的安禄山并不是他想象中的威武、雄壮，而是个大腹便便的人。不过早听李林甫说他是一个不可多得的领兵之才，于是随便问了他一些关于边防战事的问题。不想这安禄山却甜言蜜语，很会应承。对皇上的问话不仅不害怕，还思维敏捷，想法独到。玄宗对他的印象很好，看他傻乎乎的样子很放心。靠兵变掌握政权的玄宗对待手握重兵的人一直很提防，所以他才会亲自接见这个节度使，他要安抚安禄山、拉拢安禄山，好让他在边疆忠心耿耿地为他卖力。所以，安禄山在长安很受玄宗的重视，玄宗每有宴会，都会把他叫来作陪。

这天，皇上家宴，玄宗又把安禄山叫来。安禄山看到玄宗身旁还有一人，这人体态丰腴、华贵典雅，想必是皇上的宠妃杨贵妃了。安禄山灵机一动，先向着杨贵妃深鞠一躬道："娘娘吉祥！"玄宗奇怪地问："爱卿怎么不先拜朕，反而先拜朕的贵妃啊？"

"回圣上，臣是蛮夷之人，自小只知胡理。在胡地都是先拜母亲，后拜父亲，所以臣先拜娘娘。"

玄宗见状也并不生气，爱屋及乌，安禄山尊重杨贵妃反而很得他的喜欢呢！

　　杨贵妃早听玄宗提过有这么个胡将，忠心耿耿、骁勇善战，皇上想重点培养他。今天一看竟长得这么笨重，心里本没有什么好印象。听到安禄山对自己如此重视，才对他有些好感。

　　安禄山坐定后，宴会开始了。家宴中，杨玉环每每技痒都会亲自舞上一曲，对大臣也并不忌讳。今天她兴致很高，不等旁人邀请就徐徐来到舞场中央，即兴表演了《霓裳羽衣曲》。这《霓裳羽衣曲》是玄宗所作，结合众多乐工的心力，本就是灵动、悠扬，杨玉环又自小习舞、不断钻研，将这舞表现得恰到好处。安禄山一边欣赏着美丽的舞蹈，一边盘算着怎么讨好这位贵妃。"刚才太监宣我的时候，没说有贵妃作陪，害得我没有准备特别的惊喜给她。可初次见面，能给贵妃留下个好印象才好啊！看来这杨贵妃非常喜欢跳舞，那我就给她表演一段胡旋舞吧，幸亏在家没事儿的时候常常跳着玩，否则今天就没什么能表现的了。"安禄山盘算完了，杨玉环也跳完一曲回到了座位上。安禄山起身走到杨贵妃面前说道："今日看娘娘跳舞，臣受益匪浅，臣愿意舞上一曲献给娘娘。"

玄宗笑着问道："爱卿还会跳舞？真是新鲜啊！"

安禄山答道："臣受了贵妃娘娘

的启发，想即兴表演一段胡旋舞。"

杨贵妃道："好啊，那就舞上一曲吧！"

玄宗和杨玉环都是抱着看笑话的心理让安禄山跳舞的，安禄山却认真地走到了场中央，双手摆开，转起了圈圈。和着音乐的节拍，他的衣服飘了起来，也成了圈圈。虽然体胖，安禄山跳起舞来却有少数民族特有的风采，这可出乎杨贵妃的预料，拍手称赞起来。大家见贵妃喜欢，也都赞叹。安禄山知道自己的目的达到了，美滋滋地退下场来。自此，安禄山更是成为杨玉环的座上客。安禄

山投其所好，到处搜罗名琴、名鼓、名曲送给杨玉环，哄得杨玉环还以为遇到了知音。

在京城待久了，安禄山自然知道杨玉环在玄宗心中具有无可替代的重要地位。他想："如果我能和杨贵妃建立牢固的关系，那对我以后当官肯定能有好处的。"所以在一次宴会中，安禄山哭着对玄宗说："皇上，贵妃娘娘那么贤良温婉，臣一看到娘娘就会想起自己的娘亲。臣乞求皇上能让娘娘收臣为义子。"本来这是件很荒唐的事情，安禄山比杨玉环还要大，怎么能认她做母亲呢! 可玄宗和

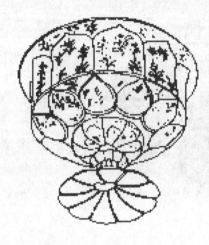

杨玉环都开心地答应了。为什么呢？因为这是符合三方利益的美事。对于安禄山的好处自然不必说；玄宗是想借此继续拉拢人心；而杨玉环也觉得认一个手握重兵的人做义子对她很有好处，所以一件原本荒唐的事情竟变得顺理成章。收安禄山做义子后，玄宗更加信任他，又让他兼任了河东节度使。

安禄山的官越做越大，管辖的范围越来越大，手里的权力越来越大，野心也越来越大。这几年，他常常出入京城，看到唐王朝不过是表面的繁荣，皇上流连声色犬马、大臣热衷争权夺利，却很少能看到一心为国的人。死了一个李林甫，又来了一个杨国忠。安禄山是胡人，正统观念本就不强。在长安目睹的一切又使他觉得连这么昏庸的人都能做皇上，我为什么不能做呢？反心渐起的他，开始在朝廷中安插党羽，在家乡招募人马。同时，利用手中的权力开始征兵，并日夜训练。

李林甫死后，杨国忠做了宰相，认为安禄山对他有威胁，想找机会除掉他。后来派去的探子打听到安禄山有反心，他便向玄宗说明此事。玄宗哪里会相信，他认为自己对安禄山恩宠有加，安禄山怎么会造反呢！杨国忠说了几次，玄宗都无动于衷。

755 年，准备就绪的安禄山携旧部史思明以"诛国忠、清君侧"为口号发动叛乱，史称安史之乱。

五、马嵬身死
长恨有情

　　唐王朝自李隆基登基以来，已经安享了四十多年的太平，安禄山的大军打了玄宗一个措手不及。安禄山早有预谋，军队训练有素，而唐军却疏于训练，军纪懒散。官兵久不经战事，看到安禄山的大军，不是逃跑，就是投降。所以安禄山的军队没有得到什么顽强的抵抗就一路南下，先后攻克了洛阳等地，直逼潼关。

　　刚得知消息的唐玄宗又气又恨，心

想："这安禄山真是不知道好歹，枉朕如此重用他！不过也不用担心，大唐兵多将广，平息这一小小的叛乱是很容易的事情。"所以他并没有很用心，继续与杨贵妃厮混。

当他夜夜笙歌的时候，前方却不断传来战败的消息。很快，叛军已经到达潼关了。潼关若破，则长安危矣！玄宗这才意识到事情的紧急，开始调兵遣将。可这些年他荒废朝政，匆忙之中只调来了一些虾兵蟹将。虽有高仙芝、封常清那样的名将，但都没逃过失败的命运。

　　756年，安禄山在洛阳自称为大燕皇帝，准备进攻长安。

　　大将哥舒翰临危受命，据守潼关。叛军锋芒正盛，哥舒翰打算死守，待叛军人困马乏之时给其致命一击。但哥舒翰是王忠嗣的旧部，杨国忠还是杨钊的时候，曾经为了讨好李林甫陷害王忠嗣。现在哥舒翰统领大军，杨国忠怕他立功后会对自己不利，所以才极力劝皇上让哥舒翰出战。此时的玄宗也希望用一个胜利来鼓舞士气，竟不顾众臣的反对，敦促哥舒翰出战。哥舒翰只好与敌人的

精锐部队交锋，惨败被俘。

潼关失守，满朝文武聚在一起商量应对的办法。叛军势如破竹，朝臣建议玄宗撤离长安移驾别处。撤离？年迈的玄宗听到这两个字的时候五味杂陈，自己安享了一世太平，晚年颠沛流离不成？正在他痛苦、犹豫的时候，又传来战报：叛军已经渡过黄河，不日就将到达长安。形势如此紧迫，不容他再犹豫了。他命令朝臣赶紧收拾东西，明早启程，移驾蜀州。

第二天，暮色还没散去的时候，玄宗带着杨贵妃、太子、朝臣匆忙离开了长安。陈玄礼的禁军龙武军打头阵，太子的车驾殿后。皇上出逃的消息很快就传开了，长安的百姓人人自危、纷纷出逃。路上到处是逃跑的行人，玄宗的车驾行进得很慢，太子的车驾渐渐被隔在了后面。

太子李亨在李林甫、杨国忠弄权的时候，保持了应有的沉默。他装作谦卑、恭顺，做事小心谨慎，力图不给他们留下什么把柄。安史之乱，皇上移驾，太

子知道自己的机会来了，他必须把握住这次机会。蜀地是杨国忠的势力范围，一旦玄宗入蜀，他更会受制于杨国忠，那他这个太子什么时候才能有出头之日呢？不如趁这个机会除掉杨国忠和那个红颜祸水杨贵妃。安禄山的叛军打的是清君侧的口号，如果自己能把杨国忠这个"君侧"杀了，安禄山的谎言就会不攻自破，这也是有利于自己将来平定叛乱、登基大统的。那么，找谁来实施呢？现在皇上一行全靠陈玄礼的玄武军保驾，那么陈玄礼应该是最合适的人选了。听说陈

玄礼向来不齿于杨国忠的所作所为，我如果以太子的身份和他商量，想必他会同意的。所以他悄悄派人和陈玄礼说明来意，陈说利弊。杨国忠当权以后，独断专行、肆意妄为，把国家搞得乌烟瘴气，陈玄礼对他早就心怀不满，更何况这次是和太子联合，所以陈玄礼决定联合太子"清君侧"！

这天，玄宗一行来到了马嵬驿。这里住处简陋，杨玉环哪里受过这样的苦，玄宗看着自己的爱妃，心中非常内疚。"自己一人酿下的苦果，竟要爱妃陪朕一起

品尝。不过在这一路颠簸中，幸亏有她相伴，才使生活重又有了色彩。"当玄宗和杨贵妃在舍内顾影自怜、卿卿我我的时候，陈玄礼已经发动了兵变。

他先是煽动将士的情绪，借口杨国忠勾结番国、意图造反，杀了杨国忠父子。然后又带领将士冲到驿馆门前。高力士听到外面喊声震天，急忙出来观看，知道是杨国忠父子被杀。他毕竟跟随玄宗多年，什么阵势没经历过？所以他并没有苛责将士，而是立即抚慰："众将士为国除害，我当报告皇上为你们请赏，你们且先行散去吧！"高力士虽然临危不惧，镇定自若，以为能平息众怒。可是众将士并不后退，而是高喊："杨国忠谋反，贵妃不宜伴君，请皇上割爱正法！"喊声一浪高过一浪，很快传到了玄宗和杨贵妃的耳中。

"什么，杨国忠谋反了？被杀了？他们还要朕杀了贵妃，这个万万不能！他们也太大胆了！"玄宗生气地对回来禀报的高力士说。然后把杨贵妃搂在怀中，安抚道："爱妃不要害怕，朕会保护你的！"

"皇上，国忠怎么会谋反呢？皇上，事情是不是很严重？"

"爱妃不要担心，朕有办法解决！"

安抚了杨贵妃，玄宗亲自走了出来："杨国忠谋反，各位爱卿诛杀有功。待到蜀州我会给各位爱卿论功行赏！"可大家还是不买他的账，"请皇上割爱正法！""请皇上割爱正法！"将士们都没有散去的意思。

"贵妃久居深宫，不谙世事。杨国忠

谋反，和贵妃没有关系，我看就赦免了她吧！"

"杨国忠是贵妃娘娘的堂兄，怎么能没有关系？如果没有贵妃娘娘，他杨国忠也不会如此嚣张！请皇上割爱正法！"人群中不知谁反驳了一句，众将士又跟着喊了起来："请皇上割爱正法！"

玄宗见群情激奋，一时无法平息，决定先回舍内再做打算。对大家说："众爱卿不必着急，朕自会给大家一个说法的！"说完，走回室内。

这只是权宜之计，究竟该怎么办呢？一时间，他也想不出好的办法。这一切

高力士都看在了眼里，他知道这是兵变，不是儿戏，如果处置不当的话，连皇上也会命丧于此的。所以他走上前去，劝谏玄宗："皇上，这是兵变啊！您应该早做定夺，否则臣怕日久生变啊！"

玄宗也知道兵变的厉害，他当年不也是靠着兵变辅佐他父亲李旦当上皇上的吗！可他真是舍不得杨玉环啊！这十多年来，杨玉环陪伴在他的左右，给他的晚年增添了多少乐趣啊！如果杨玉环走了，那他活着还有什么意思呢？

　　高力士知道玄宗的难处，可这个时候杨玉环是不能保了。他比玄宗更了解目前的形势，知道不能存在丝毫的侥幸心理。他继续对玄宗说："杨国忠谋反，贵妃娘娘是他的堂妹。将士们杀了杨国忠，如果皇上还让娘娘陪伴左右，将士们自然会担心娘娘将来报复！所以他们肯定不会放过娘娘，皇上还是早做打算，否则皇上也会深处危险之中的。"

　　听了高力士的话，玄宗知道这次他保护不了杨玉环了。外面"请皇上割爱正法"的声音还在响着，他颓然地站了起来，走到杨贵妃身旁，对她说道："今天是形势所迫，玉环你要先走一步了，你在九泉之下千万不要怪朕啊！"说完，玄宗高喊道："赐贵妃死！"接到命令的高力士将三尺白绫送到了杨贵妃手中。

手里拿着白绫，杨玉环泪流满面。她满噙着泪水又看了看玄宗，然后毅然自我了断了。玄宗看着杨玉环的眼睛，心中愧疚不已。那眼神是什么含意呢？是不舍？是留恋？是怨恨？还是其他的什么，他想不明白，他只知道：他的爱妃走了。

一代美女杨玉环就这样死了。带走了玄宗的牵挂，带来了世人的遐思。

今陕西兴平县有杨贵妃墓，占地

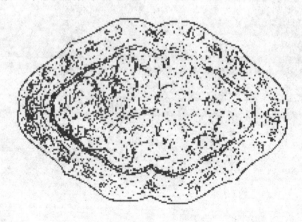

三千平方米，墓侧有李商隐、白居易、林则徐等历代诗碑。临潼骊山北麓有华清池，其中尤以"贵妃池"更为著名。这些古迹因为与杨贵妃有密切关系而吸引了不少中外游客，成为著名的旅游胜地。

戏剧中杨贵妃的故事更多，尤以梅兰芳主演的京剧《贵妃醉酒》饮誉海内外。